꽃은 무리 지어도 소리가 없다

꽃은 무리 지어도 소리가 없다

자연 속 사색, 시로 피어나다

이용찬 지음

작가의 말

2012년 시집 1집을 내고 2013년 2집을 발간한 후 3집《꽃은 무리 지어도 소리가 없다》를 내기까지 10년이 넘는 시간이 흘렀다. 게으르고 무능한 탓이 가장 크겠지만 시가 넘쳐나는 시대임에도 시를 읽은 사람이 많지 않은 것은 독자의 탓이라기보다는 시를 쓰는 사람의 탓이 클 것이라는 막연한 생각에 함부로 시를 쓰고 발표할 수 없었다. 어쩌다 시상이 떠올라 엮은 시도 혼자서 읊조리다가 나만의 경험이 누구의 영혼에 어떤 메시지를 전할 수 있겠는가 하는 자괴감으로 가만히 묻어버리기 일쑤였다. 사실 지금도 시집을 낸다는 것이 강호의 시단을 더럽힐까 두렵다.

숲에는 키 큰 나무와 키 작은 나무가 함께 공존하듯이 조금 부족하면 어떠냐 하는 배짱이 생긴 것은 숲 전문가 과정을 이수하면서이다. 즉, 자연 속의 뭇 생명은 경쟁을 통해 살아가는 존재이기도 하지만 좀 더 넓고 길게 보면 상생과 협력을 통해 아름다운 숲을 만들어 간다. 우리 주위에 흔히 피는 꽃들은 계절에 따라 서로 얼마간의 간격을 두고 피어난다. 그 결과 우리는 늘 꽃을 볼 수 있다. 만일 동시에 모든 꽃이 일제히 피어난다면 꽃의 수분을 매개해 주는 친구인 벌 나비의 도움을 다 받지 못하는 꽃이 생길 수 있을 것이며 벌 나비도 사계절 내내 꿀을 맛볼 수 없을 것이다. 그래서 숲속의 생명들은 경쟁보다도 양

보를 선택하는 것 같다. 꽃이 피는 시기를 달리하고 잎이 나는 시기도 달리한다. 별잔꽃(개망초) 같은 친구는 가을에 새싹을 틔우고 한겨울을 땅에 납작 엎드리어 겨울을 나다가 이른 봄에 개화한다. 이런 친구가 없으면 토끼나 노루 같은 친구들이 한겨울에는 푸른 풀을 맛볼 수 없어 겨울을 건강히 날 수 없을 것이다. 숲속에 건강한 산 동무가 없으면 식물은 씨앗들을 싹틔우기 어렵고 숲 전체로 널리 퍼지게 하기도 어렵다. 이처럼 숲속 친구들은 서로 양보하고 협력함으로써 다양한 생물이 공존하는 건강한 숲을 만들어 간다. 숲에는 연약한 식물도 강한 식물도 없다. 모두 최선을 다해 바람과 햇볕을 찾아 자신의 역할을 해나갈 뿐이다. 이처럼 다양한 생물이 모여 건강한 자연을 만들 듯이 강호의 시 문단에도 다양한 시상을 갖는 많은 시인이 시를 발표하는 것도 건강한 시단의 형성에 도움이 될 수 있으리라 생각한다. 숲에 모두 키 큰 나무만 있지 않듯이 조금 부족한 시면 어떠냐 하는 배짱이 생긴 것이다. 조금은 억지 같은 논리지만 그동안 모은 시를 다시 출판하기로 마음먹은 이유 중의 하나이다.

평소 시 한 편은 장편소설 한 권에 맞먹는 함축적인 메시지가 있어야 한다는 신념에는 변함이 없다. 그러나 나의 시 한 편 한 편이 모두 이러한 신념을 충족한다고 자신할 수는 없다. 나의 시에 대한 주제는 대부분 자연에 대한 것이며 나에게 있어 자연은 영원한 지혜의 전수자이다. 무언의 언어로 얘기하는 자연의 목소리를 나의 시상에 담아 나만의 언어로 다시 풀어 놓은 것이 나의 시인 셈이다. 인생 고희의 나이에 들어서니 세상에 허투루 있는 것은 없어 보인다. 다만 우리가 허투루 볼 뿐이다. 주변의 생명에 더 많은 애정과 관심을 가지다 보면 시간 속에 사라져가는 것들 하나하나가 그저 감사하고 또 감사하다. 처음 시집을 냈을 때의 영원히 꺼지지 않은 나만의 시 등불을 켜보자는 결심도 많이 약해졌다. 그럴만한 능력이 부족하다는 것을 깨닫게 된 것이다. 이제는 강호의 시 문단이라는 아름다운 숲에 작은 야생초 한 포기 같은 역할이라도 했으면 좋겠다는 생각을 감히 해 본다. 후일 나의 자녀들이 나의 시를 통해 우리가 사는 세상이 참으로 다양한 사람들과 작은 생명들이 함께 만들어 가는 곳이라는 사실을 깨닫고 서로 인정하고 존중할 줄 아는 사람이 되었으면 좋겠다.

이 시집을 출판할 수 있도록 도움을 주신 출판사 관계자 여러분들께 깊은 감사를 드린다.

2025년 3월 어느 날 봄빛 드는 창가에서

추천사

따뜻한 시선

길석규 시인

　이용찬 시인의 제3시집《꽃은 무리 지어도 소리가 없다》를 읽었다. 아직 읽지 않은 이들이나 이미 읽은 이들에게 이런 관점에서 읽었다고 얘기하는 것은 어쩌면 별 의미가 없을지 모르지만 남의 견해를 참고하는 것은 모두에게 약간은 득이 있을 것 같아 용기를 내어 적어보기로 한다.
　처음 시편(詩篇)을 접하고 상당한 분량의 시들을 언제 다 읽나 그런 생각도 했지만 새벽에 잠이 깨어, 혹은 버스를 기다리며, 공원 산책길 벤치에서 틈틈이 읽다 보니 어느덧 마지막 페이지에 이르러 있어 최종 페이지에서 조금 아쉬운 마음마저 들었다. 그만큼 흥미 있고 공감이 가는 정경(情景)이 매 시편 마다 펼쳐져서 즐거운 독서를 할 수 있었다.
　공감의 기준은 사람마다 다르겠지만 나는 정서적 공감이 그 원천이라고 믿는다. 나와 같은 연배이며 어릴 적 우리를 살찌운 산천의 정서와 가난이라고 하는 동일 체험을 안고 있는 이 시인의 시는 어쩌면 내가 쓴 바로 그런 시였다. 내 시집에서 내가 고심하며 조탁(彫琢)하던 시어들이 이용찬 시인의 시집에서는 비교할 수 없을 만치 가지런하고 세련되게 정서(淨書)되어 있었다. 아, 이렇게 썼더라면 좋았을 걸, 그런 찬탄(讚歎) 아닌 찬탄도 여러 번 했다. 늦깎이 시인이 이미 너무나 높은 경지에 올라 있는 까닭이었다.

그중에서도 내가 감탄한 것은 시인의 따뜻한 시선(視線)이었다. 부모나 아내, 아들딸들은 물론이고 주변의 이름 없는 이들이나 자연의 사물들에 이르기까지 그의 관심이 가는 대상들에 바쳐진 그의 따뜻한 애정이 가슴 뭉클하게 다가왔다. 세상에는 오만(傲慢)한 시야(視野)에서 쓴 시들도 위대한 작품이 없는 것은 아니지만 나이를 먹고 보니 작고 따뜻한 시편이 더 다정하게 다가온다. 살다 보면 가장 좋은 것은 좋은 인간관계라는 작은 깨달음 때문이리라.

〈백반 집 노부부〉에서 만난 가난한 부부, 〈너 참 잘했다〉에서 보는 아내에 대한 애정의 제스처, 〈아내의 방〉에서 보는 자식에 대한 부부의 사랑, 〈잘 가거라〉에 나오는 우리의 어머니 묘사, 〈어머니의 외딴섬〉에 나오는 가슴 아픈 6.25 전쟁 이야기에서 우리는 따뜻하고 촉촉한 시인의 애정을 느낄 수 있다.

시집의 앞부분부터 시작된 작은 식물과 자연의 사계(四季)의 묘사도 탁월하고 정밀(精密)하지만 시집의 맨 끝에 마치 부록인 듯 붙은 〈내 안에 흐르는 강〉, 〈어머니의 섬〉 편은 내게는 물론 독자들에게도 작은 눈물샘이 될 듯하다.

공감(共感)하고 이해(理解)하면 비판이 어렵다는 말이 있다. 당연히 쓴 소리도 필요하겠지만 우선 공감되는데 무슨 그런 게 필요하겠는가? 마지막으로 이(李) 시인이 이런 단편들을 승화시켜 대작을 써 보라 권유하는 것으로 나의 글을 마치고자 한다. 시인을 더 잘 이해하게 되었고 행복한 독서의 순간이었다.

목차

작가의 말 4
추천사 7

들풀의 사랑

팽이밥 추억 18
도시의 오리새 20
달개비 21
별꽃 22
도시에 핀 민들레 23
쇠뜨기의 꿈 24
도시의 방동사니 25
달맞이꽃 26

봄은 보는 것이다

봄을 본다 30
봄날의 단상 31
봄이랑 바람나다 32
봄볕은 가려 앉지 않는다 34

봄날은 왜 이리도 짧은가 35

다시 희망을 말하다

씨앗의 노래 38
텃밭에 씨 뿌리고 39
벚꽃 아래서 41
홍매화 42
꽃과 나비 43
초롱꽃 44
꽃은 무리 지어도 소리가 없다 45

계절의 이음줄

3월에는 48
제주도의 4월 49
6월의 유혹 51
7월에 서서 52
9월을 보내며 54
10월의 잔상 56

11월의 기도 57

여름밤의 꿈

숲속의 여름밤 62
유년 시절 한 여름날 63
여름날 풍경 65

가을 사색

문턱 넘은 가을 소리 70
가을이 오면 71
가을이 가면 73
가을비 74
나의 가을 75
가을 당신께 76
가을 산 77
빈 들녘에 깃든 가을 78
가을처럼 물들고 싶다 79
가을빛은 80
가을 정동 길 81
가을비 그친 밤 82
가을에 띄우는 소식 83
내 인생, 가을로 간다 85

가을에 부치는 편지 ...87
낙엽의 이름 ...89
가을 사색 ...90

겨울로 가는 길

보이지 않는 길 ...94
겨울 숲 ...95
겨울 숲으로 가자 ...96
겨울눈 ...97
겨울 유자나무 ...98

숲이 말을 걸다

숲의 사계 ...102
고향마을 느티나무 ...103
나무의 전설 ...105
한 그루 나무가 되고 싶다 ...106
푸른 낙엽 ...108

내 안에 흐르는 강

풍경의 밑그림 ...112
시들어 가는 비비추를 보며 ...113
우화(羽化) ...114

새벽 백사장 115
몽돌해변에서 116
퇴근길 118
빈자리 120
시간의 벌판 121
그냥 살자 122
참회록 123
딱지 124
그대를 보낼 수 없네 - 세월호 참사에 부쳐 125
우주의 말(言) 127
방파제 128
밥을 먹으면서 129
바위를 뚫는 믿음 - 터키 지하도시에서 130
쓰나미 132
이제는 우리가 133
그 사람 135
그대와 함께라면 137
바람, 그리고 당신 139
소쇄원에서 141
손주 142
별을 걷는 그대 143
딸아이가 애를 낳았다 145
우리 사는 세상 146
물웅덩이 148

바람 부는 날 149
선풍기를 닦으면서 150
모멘토 모리 152
세밑에 서면 153

어머니의 섬

잘 가거라 158
어머니의 외딴섬 160
백반집 노부부 164
너 참 잘했다 165
내 안의 욕망 167
아내의 방 169
명자꽃 사랑 171
12월의 달력을 뜯으면서 173

시평 176

아픈 기억일랑은
깊은 곳에 두었으니
작은 상처는 오히려 즐겁다

들풀의
사랑

괭이밥 추억

거실 큰 화분 빈자리
어디선가 날아온 괭이밥 하나
조각 빛으로 부지런 떨더니
어느새 점점 자리를 펴고 앉아
유년 시절로 날 끌고 간다

괭이밥이 지천으로 있는
내 어릴 적 마을 언덕
풀 뜯느라 여념 없는 어미 염소
껑충 깡충 재롱떠는 새끼 염소 곁에
두 팔 베고 풀밭에 누우면
하늘은 왜 그리도 높고 푸르렀는지

공연히 불편해진 심사에
괭이밥 한두 잎을 뜯어 씹으면
눈살을 찌푸리게 하는 짜릿한 신맛
애써 두 눈 감고 외면한 푸른 하늘

이제는 꿈에서 편안해진
초로(初老)의 나이
우연히 거실로 들어온
화분 속 괭이밥 한 포기가
가뭇없이 멀어진 그 시절
빛바랜 한 장의 사진을 찍는다

도시의 오리새

외딴 들녘 흰 돛 달고
산 넘고 물 건너
화려한 불빛 도시
후미진 골목에 닻을 내리다

가꾸는 이 없어도
어느새 이삭을 맺었다

또다시 닻을 올려
먼 곳을 바라보는
너의 이름은
도시의 '미운 오리 새끼'

달개비

고향 시골집 장독대 주위
늦은 봄부터 한 계절 내내
달개비가 꽃을 피워 냈다

새벽이 더 바쁜 울 엄니
낡은 광목 치맛자락을
보라색 슬픔으로 물들이는 꽃
싸리문 넘어 땅거미 내릴 즈음에는
초록 비단 주머니를 달고
함초롬히 서 있는 꽃

울 엄니 없는 빈 장독대
올해도 달개비는 자라고 있다

별꽃

봄이 여름으로 가는 뜰에는
밤하늘 뭇별들이
하얀 날개옷을 입고서
이슬을 타고 내려앉는다

별들이 머문 곳마다
알알이 맺히는 하얀 송이
그대 이름은 땅에서 빛나는 별

나는 지금 별과 함께 산다

도시에 핀 민들레

보도블록 틈 사이에 뿌리내리고
가시 잎 펼쳐 목 길게 내밀어
해맑게 피워 낸 노란 햇살 하나

바삐 오가는 행인들의
흔한 눈길 한번 받지 못하고
숱한 발길에 차이면서도
봄바람 손길 따라 하늘거린다

고달픈 삶에 지쳐
어느새 하얗게 세어진 머리
미지의 새 영토를 찾아
도시의 민들레는
또 다른 비상을 꿈꾼다

쇠뜨기의 꿈

폐허의 빈터에
오래된 모습으로 서서
아무 일도 없는 듯
바람에 눕는다

아픈 기억일랑은
깊은 곳에 두었으니
작은 상처는 오히려 즐겁다

고단했던 여정만큼
간절한 소망 하나
황무지를 염하여
푸른 하늘 아래 누이는
가없는 초원의 지평선

도시의 방동사니

아스팔트 갈라진 틈에
방동사니 하나가 자란다

거친 야생을 꿈꾸는
도시의 푸른 용사
억센 팔 길게 뻗어
외치는 외로운 함성

길을 걷다가
무릎을 굽히고 앉아
억센 너의 손을 잡아본다

달맞이꽃

야생화 피는 언덕 노을이 지면
한잎 두잎 꽃잎 터뜨리는 소리

탁! 타~닥! 탁! 타 닥!

요정 같은 여인의 향기가
잠자던 밤 나방을 깨우고
노랗게 불 밝힌 궁전에
소리 없이 피어나는
초 여름밤의 향연

밤하늘 가르는 달님도 좋아라
가던 길 멈추고 쉬었다 간다

봄은 보는 것이다
마음에 가녀린 모종을 심고
따스한 눈길의 거름을 주어
나날이 푸르러지는 모습을
너와 내가 함께 보는 것이다

봄은
보는 것이다

봄을 본다

봄은 보는 것이다
설원에 홀로 핀 복수초를
마른 가지에 솟는 연둣빛 기적을
언 땅을 뚫는 새싹의 숨결을
마음의 창을 열고 보는 것이다

봄은 보는 것이다
씨앗 속 감춰진 비밀을
마른 대지에 이는 바람을
물과 길을 잇는 징검다리를
지혜의 창을 열고 보는 것이다

봄은 보는 것이다
마음에 가녀린 모종을 심고
따스한 눈길의 거름을 주어
나날이 푸르러지는 모습을
너와 내가 함께 보는 것이다

봄날의 단상

연두색으로 물들어 가는
덕수궁 돌담길을 따라
홀로 걷는 옷깃 위에
하얀 벚꽃 비가 내린다

소매에 스치는 바람은
손깍지 끼자고 재촉하는데
덧없이 멀어진 우리 사랑은
어디쯤에서 머물고 있을까

자운영 가득한 논둑을 넘어
찔레꽃 향기 피는 산언덕을
손잡고 넘었던 우리 사랑아

봄이랑 바람나다

방안에는 아직 냉기가 맴도는데
창문 두드리는 봄빛 소리가 들려
살며시 고개를 내미니
싱그러운 수채화가 가득합니다

봄 새악시가 수줍게 숨어서
나에게 사랑을 고백하나 봅니다
첫사랑의 고백을 듣는 가슴에
설렘이 가득 밀려옵니다

검은 커튼을 젖혀
창문을 활짝 열고
봄 새악시의 마음을
황홀하게 받아들이고는
팔짱을 끼고서 바람을 피워보려 합니다

이 나이에 바람피우다가
내일 잎이 진다고 한들
누군가가 별일이라 하겠습니까

변덕 많은 봄 새악시가
행여 마음 바꾸기 전에
서둘러 여행을 떠날까 합니다

봄 새악시와의 꿈같은 밀월 얘기는
돌아와서 해드리겠습니다

봄볕은 가려 앉지 않는다

허물어진 무덤 위에
봄볕이 내린다

비문을 등에 진
무덤 앞 돌 거북
세월의 깊이만큼
땅속에 잠겨간다

무너져 간다는 것은
슬퍼할 일이 아니다
단지 본디 모습으로
되돌아가는 것일 뿐

봄볕은 가려 앉지 않는다

봄날은 왜 이리도 짧은가

봄비 내리니
꽃잎은 지고
이내 흔적도 없다

꽃잎 진 자리
연두색 여린 이파리가
어느새 나뭇가지를 덮는다

멀리 떠난 그대는
아직 기별 없는데
봄날은, 우리의 봄날은
어아 이리도 짧은가

가을꽃은 무리 지어 피면서도
소음도 다툼도 없이
송이마다 환한 미소가 가득합니다

다시
희망을 말하다

씨앗의 노래

떠나자, 낯선 곳으로
물 따라 바람 따라
미지의 땅에 닿거들랑
거기 닻을 내리자

우리 머무는 이 자리
머잖은 날
푸른 희망으로 피어나
붉은 열매를 맺으리니
함부로 두려워 말자

사랑하는 사람아,
내딛는 서툰 첫걸음
훗날 뭇사람의 길이 되리니
상처도 외로움도
남김없이 불살라
한 줌 재가 되어야 하지 않겠는가

텃밭에 씨 뿌리고

텃밭에 씨 뿌리고
아이에게 솜이불 덮듯
고운 흙으로 덮는다
이제는 기다림이다
씨앗은 흙으로 가고
푸름은 돌아나리라

젊은 날의 기다림은
늘 공허로 답해 왔다
흙이 되지 못한 기다림은
새날을 기약도 못한 채
산산이 부서져 버렸다

이제는 기다리지 않을 것이다
바람과 햇살 속에
천둥벌거숭이로 누워
푹 썩어 없어질 것이다
한 시절의 희망을
모두 묻어 버릴 것이다

먼 산이 다가와
툇마루에 함께 앉는다

벚꽃 아래서

햇살 한 모금씩
망울망울 터트려
봄바람에 휘날리는
하이얀 꽃나비들

그대 향한 나의 사랑도
꽃잎 타고 흐르고 흘러
봄빛 가득한 그대 창가에
그윽한 향기로 피어났으면

홍매화

야윈 가지마다
홍 초롱 매어 달고
봄 길 찾아 천 리 길
더디 오시는 발걸음
설레는 가슴으로 기다립니다

눈보라 속
가시덤불 지나시다가
행여 오시는 길 잃거들랑은
홍 초롱 꽃잎 등불 삼아
징검다리 건너듯
큰 걸음으로 재어 오소서

꽃과 나비

하얀 가우라 꽃잎 위에
하얀 나비가 앉았다

꽃은 나비가 되고
나비는 꽃이 되었다

너와 나도 그랬으면 좋겠다

초롱꽃

연푸른 초록 치마 수줍게 둘러 입고
긴 막대에 매어 단 연보라 청사초롱
환하게 밝히는 초하의 푸른 어스름

초롱 불빛 가려 밟고 오실 이 누구신가
햇보리 밥 푸른 내음 상기도 멀었는데
등불은 하나둘씩 이른 별에 지더이다

꽃은 무리 지어도 소리가 없다

들길마다 금계국, 코스모스가 무리 지어 얼굴을 비비고
헐거워진 산자락에서는 감국, 산국, 구절초, 개미취가
어깨동무하며 바람 따라 흔들리고 있습니다

가을꽃은 무리 지어 피면서도 소음도 다툼도 없이
송이마다 환한 미소가 가득합니다

계절의 끝자락에 서서
어디선가 시작될 또 다른 계절을 기다리며
아무 일도 없는 듯 가만히 여름의 책장을 덮는다

계절의 이음줄

3월에는

3월에는
연약한 새 생명을 위해
부디 기도하게 하소서

대지의 가슴 사이로
얼굴을 내미는 새순들
때 늦게 이는 눈보라에도
부디 별 탈 없기를

검은 나뭇가지에 달린
연둣빛 꼬마 등불들
꽃샘바람에 속에서도
흐뭇한 햇볕을 이고
초록 치마로 갈아입기를

잔설 사이로 흐르는
작은 개울물 소리에
눈 비비는 애벌레들
부디 나래를 펼 수 있기를

제주도의 4월

바람이 먹구름을 안고
전설 같은 오름에
장대비를 뿌리고 간다

검은 숲이 허리 굽혀
귀신같은 울음을 울고
계곡마다 성난 물결이
검은 돌을 일깨운다

없는 듯 있다 하여
영혼조차 없겠는가
침묵이 길다 하여
기억마저 잠들었겠는가
수없이 짓밟혀도
다시 서는 것이 풀잎인데
타고난 이름이야 누군들 없겠는가

무심히 출렁대는
바다는 알고 있다

새까맣게 거슬리고
구멍 난 가슴이 되어
세월의 창살에 갇혀버린
제주도 4월의 기억을

6월의 유혹

산기슭 아래에
땅거미 내려앉자
어둠을 가득 채운 밤꽃 내음

모내기 끝난 무논에
짝 찾는 개구리들이
밤새워 울어댄다

7월에 서서

장미꽃 지자
담을 넘는 능소화
푸름이 가쁜 숨을 쉬고
더위에 지친 풀잎들이 허리를 꺾는다

장마 끝 무더위를
가득 채운 매미 소리
한지(韓紙)로 빚은 듯
붉은 배롱나무 꽃잎 사이로
달팽이 한 마리가 길을 나선다

계절을 품은 먼 산
녹음의 절정을 향해
걸음을 재촉해 보지만
등에 진 무거운 짐
그대는 아직도 멀리 있다

어느 곳으로 머리를 두어야 할까
하늘가 한가로운 뭉게구름
시나브로 삭아가는 육신처럼
한해도 반을 접고 누웠다

9월을 보내며

나뭇잎이 가쁜 숨을 고르고
어느새 길어진 그림자 위로
무성했던 시간은 천천히 담을 넘는다

들꽃을 쓰다듬는 바람결은
부드러운 햇살을 타고 흐르는데
산하는 마지막 푸름에 겨워 있다

손끝에 머물다 사라지는 너의 체온처럼
여름은 이렇게 엷어져 가고
나는 점점 깊어가는 강변에 앉아
너에게 긴 편지를 쓴다

간단없는 시간의 바퀴를 타고
우리는 어디로 흘러가는 걸까
생각하면 영원이란 없는 것인지도 몰라
노란 은행나무 아래서 맺은 우리 사랑도
지금은 어디쯤 흘러가고 있을까

계절의 끝자락에 서서
어디선가 시작될 또 다른 계절을 기다리며
아무 일도 없는 듯 가만히 여름의 책장을 덮는다

10월의 잔상

푸름이 깊은 하늘
나뭇잎 하나가 땅을 딛는다

붉은 고추잠자리 창공을 맴돌고
살 오른 청설모 한 마리가
잣송이를 물고는 바삐 사라진다

떠날 때를 아는 뭇 생명은
갈무리 채비에 바쁜데
따사한 햇살 벤치에 누워
느긋이 게을러진 내 마음
누구에게 들킬라
아예 두 눈을 감는다

11월의 기도

지난여름
뜨거운 태양 아래서도
타들어 죽지 않을 만큼
이슬과 비를 보내시고
거친 폭풍우 속에서도
썩어지지 않을 만큼
햇살과 바람을 주시어
하늘 아래 모든 생명에게
결실을 주시니 감사합니다

욕심 많은 과실수는
바람으로 덜어내시고
설익은 열매는
떫은맛 가실 때까지
오래 매달게 하시어
검소함과 기다림의 이치를
알게 하시니 감사합니다

애써 키운 농작물 중 일부를
벌레의 먹잇감이 되게 하시고
배고픈 들짐승들도 먹이시어
세상이 사람들만 사는 곳이
아님을 알게 하시니 감사합니다

곡식이 익어가는 들판에
참새무리를 보내시고
겨울을 준비하는 까치에게도
과일의 달콤함을 맛보게 하시며
먼 길 오느라 지친 철새들에게는
들판의 남은 이삭을 먹이시어
나눔의 기쁨을 알게 하시니 감사합니다

잘 여문 곡식일수록
고개를 숙이게 하시고
푸름을 자랑삼아
몸집 커진 나무는
찬바람으로 덜어내시어

길 떠나는 뭇 나그네에게
가벼움의 참뜻을 알게 하시니 감사합니다

능소화가 담을 넘어
붉은 입술을 내밀고
우거진 느티나무 속
짝을 찾는 매미들만
뜨겁게 뜨겁게 울고 있다

여름밤의 꿈

숲속의 여름밤

어둠이 숲을 안으니
청량한 계곡 물소리

밤하늘엔
영겁을 담은 별이 빛나고
땅에는 깜박이는 반딧불이

풀 섶에 숨어
시들 듯 이어지는
풀벌레 나지막한 합창 소리가
숲속 여름밤을 쓰다듬고
계곡에서 숨어 피던
물봉선화 입술은
점점 붉어져 간다

유년 시절 한 여름날

마을 입구 느티나무 아래
아무렇게나 주저앉은
헐렁한 옷 사이로
거침없이 스쳐 가는 바람

먹감나무 가지에서 우는
쓰르라미 매미 소리에
지구보다 더 무거워진 눈꺼풀
먼 산도 푸름에 겨워 졸고 있다

장독대 맨드라미는 더 붉어지고
씨앗 주머니 잔뜩 부풀린
봉숭아 사연은 익어 가는데
이글거리는 태양 아래 물결치는
이삭 품은 무논의 검푸른 나락

논이랑 무성한 콩잎 사이로
꽃뱀 한 마리가 미끄러지고
짝 찾는 논우렁이 각시에게

은밀히 다가서는 흰 두루미

언덕 그늘에서 한가히 누워
되새김질하던 누렁소들이
멱 감고 소 풀 뜯기러 오는
동네 아이들 들뜬 소리에
우두둑 무릎을 펴고 일어선다

여름날 풍경

만지면 사라질 듯한
연분홍 연꽃에는
잠자리 한 마리
잠시 머물다 가고
창 넓은 연잎 아래서는
청개구리 한 마리가
가쁜 숨을 고른다

붉게 타는 태양 아래
졸고 있는 달맞이꽃
향기를 감춘 채
달님을 기다리고
얽히고설킨 칡덩굴은
잎을 접어 낯을 가린다

더위 먹은 바람은
미동도 없는데
능소화가 담을 넘어
붉은 입술을 내밀고

우거진 느티나무 속
짝을 찾는 매미들만
뜨겁게 뜨겁게 울고 있다

나는 이 가을에
나는 얼마나 가벼워졌는가
얼마나 더 가을 색에 물들면
떠나는 것이 허허로울 것인가

가을 사색

문턱 넘은 가을 소리

풀 섶 이슬을 털고
창문 틈 사이로 들어와
허리춤 옷자락을 잡는
서늘한 새벽바람

창문 밖 여명 속
붉게 물든 감나무 이파리가
먼빛 하늘을 이고 서 있다

어느새 옆구리에 들어선
차가운 가을 손
나이 들어도 삭지 않는
나의 가을앓이는
올해도 다시 시작하나 보다

가을이 오면

티 없는 하늘에
내 마음 담고
고운 단풍잎에 물들고 싶다

무뎌진 억새 잎처럼
내 안의 날(刀)을 무디게 하고
거리를 구르는 낙엽같이
한없이 착해지고 싶다

휘영청 달빛 아래
서리 맞은 하얀 국화
누군가를 향한 미움을 넘어
모든 사람에게 미소 짓고 싶다

밤늦도록 이어지는
풀벌레의 합창 소리
내 마음의 낡은 풍금을 열고
서툰 반주를 치고 싶다

가을이 오면
사랑하는 그대를 위한
세상에서 가장 아름다운 시를 쓰고 싶다

가을이 가면

가을이 가면
나는 한겨울 바다로 달려가리라

흔들리며 몸 사르는 촛불처럼
깊은 심연 위에 춤추는
거친 흰 파도가 되어
마침내 기다림으로 피어나는
잎눈이고 꽃눈이 되리라

가을비

가을비 그치자 더 차가운 밤
나지막한 풀벌레 소리에
깨어나는 빛바랜 기억들

어느 해였던가
가을 색 내려앉은 공원 벤치에서
사랑만으로 살 수 없다며 돌아서던 너
위로인 양 가을비가
가난한 어깨를 적시고 있었지

아픔이 깊어지면
삶도 깊어지리라
애써 스스로 위로하면서
터벅터벅 돌아오는 길
눈물은 가을비가 닦아주었다

강물은 포구에 다 와 가는데
그대는 어느 나루를 지나고 있는지
새벽으로 가는 푸른 밤하늘에
별들도 하나둘 스러져 간다

나의 가을

온 산하가 옷을 갈아입고
먼 길 떠날 채비를 한다
한 줌 바람만큼 가벼워진 이별

나는 이 가을에
나는 얼마나 가벼워졌는가
얼마나 더 가을 색에 물들면
떠나는 것이 허허로울 것인가

가을 당신께

내 사는 골목길 어귀에
키 작은 채송화가 피었습니다
채송화가 다 지기 전
당신, 작은 걸음으로 오소서

지난여름은
참으로 뜨거웠습니다
겹겹이 쌓인 마음 담장을 헐어
바람길 성근 울타리를 만들고
하얀 무명 수건을 걸어놓겠습니다
당신, 땀에 젖은 손을 닦으소서

이 가을에는
초가집 토방 댓돌 위에
흰 고무신을 가지런히 하고
툇마루에 고요히 앉아
고운 빛으로 오는 당신을 맞겠습니다
참 좋은 당신
부디 당신에게 물들게 하소서

가을 산

해 질 녘 오르는 가을 산
잎 떨군 나무 아래에 서서
저물어 가는 석양을 본다

노을 비낀 산 그림자에
서서히 내리는 어스름
이윽고 가을 산은
어둠 속으로 사라져 간다

이 밤이 지나고 나면
가을은 더 깊어지려니
난 점점 가을 안으로 걸어간다

어디쯤엔가 마주칠 겨울은
어떤 모습으로 다가올 것인가

빈 들녘에 깃든 가을

가을밤 빈 들녘을
홀로 걷노라면
가슴 시리게 들려오는
풀벌레 합창 소리

밤이슬은 소리 없이
풀잎에 내려앉는데
절절히 절정으로 치닫는
사랑의 세레나데

외로운 초승달이
함께 가자며
차디찬 내 어깨를 감싼다

가을처럼 물들고 싶다

가을처럼 물들고 싶다
영롱한 햇살 아래
온몸을 물들이는 산하

가을처럼 익어가고 싶다
푸른 하늘을 이고서
뒤란의 장독 옆
감나무 끝에 매달린 홍시 하나

가을처럼 사랑하고 싶다
스스로 옷을 벗어
차가운 대지를 덮고
가녀린 겨울눈을 키우는
키 큰 느티나무 한 그루

가을처럼 사라지고 싶다
한 줄기 바람을 신호 삼아
두려움 없이 먼 길 가는 낙엽들

가을빛은

노랑, 빨강, 주황
형형색색 고운 옷으로
갈아입었는데도

가을빛은
가을빛은
가슴속으로 어이 애잔하게 다가오는가

가을 정동 길

붉게 물든 담쟁이가
낡은 벽돌집을 덮고
이끼 서린 돌담마다
들려오는 아득한 숨결

풍경 속 떠오르는
아픈 그 이름
무심한 세월에 잊히어 가고
오늘을 사는 발걸음이 무겁다

인적 드문 골목길 안 찻집
커피 한 잔을 앞에 두고
가을비 소리에 젖어 드는
정동 길 어느 날 오후

살아 있음이 모두 빚이다

가을비 그친 밤

비 갠 밤하늘에
하나 둘 별이 빛나고
젖은 땅 위에
낙엽이 쌓인다

내 마음속
차곡차곡 내려앉는
그대 향한 그리움

가을에 띄우는 소식

가을이 내려오는 산기슭에 서서
색색의 낙엽 한 잎 한 잎마다
다하지 못한 사연을 담습니다

삼복더위에 시작된 입추(立秋)가
이리도 더디게 온 것은
긴 시간 헤어져야 한다는 아픔이
그만큼 크다는 얘기겠지요

배부른 사마귀 한 마리가
가을 색 옷으로 갈아입고서
생명의 씨앗을 고이 맡길
마른 풀밭을 기웃거립니다

이름만큼 억세게
유리 날을 품었던 억새도
부드러운 손을 내밀고
하얀 손수건을 흔듭니다

숲 언저리에 선 사시나무가
머뭇거리는 생명들에게
겨울이 다 오기 전
어서 길을 떠나라며
온몸을 흔들어 재촉합니다

그리운 사람이여,
우리도 이 계절이 다 가기 전
살다가 쌓인 미움의 찌꺼기 일랑은
그만 내려놓아야겠습니다

상처 난 가슴에 차마 담고 가기에는
겨울은 너무 길고 춥지 않겠습니까

내 인생, 가을로 간다

가을이 점점 익어간다

억새의 거친 잎도
칼날을 접어 솜털을 내밀고
땅을 탐하던 칡덩굴도
시름 접고 누웠다

풀벌레 청아한 찬송에
바람에 몸을 맡긴 이삭들
머리 숙여 기도 한다

소멸하는 산하(山河)는
지난여름을 묻지 않는다
잎 떠난 자리에는
겨울눈이 서로를 얼싸안고
긴 여정(旅程)을 시작하리라

잎사귀마다 시를 쓰는
붉은 단풍나무 아래서

나지막이 읊조리는 독백
내 인생, 가을로 간다

가을에 부치는 편지

다시 가을입니다
푸르른 잎이 붉게 물들도록
나무가 지새운 날들이
무성한 뒷이야기를 남깁니다

무서리 내린 이른 아침
그 많던 꽃들이 다 누웠는데
흰빛 들국화가 고고히 서서
시들어 가는 생명을 염하며
그윽한 향을 피우고 있습니다

바람이 붑니다
잎새마저 말라버린 하얀 억새꽃이
가벼이 날아 허공에 흩어지고
언덕 위 잎 떨군 나무 한 그루가
고요히 서서 겨울을 맞고 있습니다

사랑하는 이여,
겨울로 가는 나무처럼

외로움은 삶의 그림자이리니
홀로 걷는 길 힘들어도 부디 평안하소서

낙엽의 이름

맨땅을 맨발로 걷다가
낙엽 위를 걸어 보았다
포근하고 따스하다

식어가는 대지에 깃든
뭇 생명에게
낙엽의 이름은 이불이다

낙엽 비가 내리는 날
참나무숲을 걷다가
낙엽을 한 줌 쥐어 보았다
온전한 낙엽이 없다

뭇 생명에게
자신을 내어 준 상처다.
낙엽의 또 다른 이름은 사랑이다

가을 사색

무성한 나뭇잎이 땅에 뒹군다
몸이 가벼워야 멀리 갈 수 있단다

무서리 맞은 구절초 흰색 꽃잎이 곱다
향기는 추울 때 더 피어나는 것이란다

저녁 집으로 돌아오는 길
기우는 햇살에 비낀 그림자가 따라온다
외로움은 살아있는 동안 늘 함께하는 것이란다

푸르던 날 지나고
허전함이 밀려오는 날은
사랑하는 사람아
우리 겨울 숲으로 가자

겨울로 가는 길

보이지 않는 길

낙엽이 길을 지우고
어둠은 강물을 덮는다

눈보라가 길을 메우고
삶은 아픔을 덮는다

길은 없는 것이 아니다
다만, 보이지 않을 뿐이다

겨울 숲

살아온 삶의 올과 결만큼
깊은 사랑을 해 본 사람은 안다
사랑은 마침내 그리움으로 남는다는 것을

그리움으로
오랜 가슴앓이를 해 본 사람은 안다
그리움도 닳고 닳아
텅 빈 가슴으로 남는다는 것을

인생 뒤안길에서
겨울로 가는 길 한 가운데에 서면
메마른 가슴에 이는 바람
난 얼마나 깊은 사랑을 했던가

낙엽을 밟으며 걷는 길은 외롭다
허나, 외로움은 삶의 자락인 것을
난 스스로 비워버린 겨울 숲으로 간다

겨울 숲으로 가자

푸르던 날 지나고
허전함이 밀려오는 날은
사랑하는 사람아
우리 겨울 숲으로 가자

희미한 연무 속에서
뭇 생명 숨죽여 꿈을 꾸는 곳
고요 속 긴 침묵으로
선홍빛 그리움을 키우는 곳
투명한 적막이 흐르고
신비로운 전설이 숨을 쉬는 곳

사랑하는 사람아
우리 영혼이 지친 날은
수없는 소리가 고요히 잠을 자는
텅 빈 겨울 숲으로 가자

겨울눈

삭풍 속에 떨면서도
나목은 무섭지 않다
푸른 꿈이 숨 쉬는
겨울눈을 키우고 있으니

겨울 유자나무

겨울 고흥반도 유자나무는
모두 월계관을 쓰고 있다

가슴에는 억센 해풍을 품고
허리에는 검푸른 바다를 두르며
마침내 결승선을 뛰어넘어
높이 올린 황금빛 트로피

겨울 고흥반도 유자나무는
흰 포말(泡沫)이 이는 바다를 향해
다시 출발선으로 들어선다

그래서 고흥반도 유자나무는
한겨울 잎이 더욱 푸르다

땅은 그 향기로
나무를 살찌우고
하늘은
빛과 비와 바람으로
나무를 쓰다듬는다

숲이
말을 걸다

숲의 사계

오고 가는 철새들처럼
시작도 끝도 없이 이어지는
숲 극단 4막에서
조연은 없다
모두가 주연이다

고향마을 느티나무

내 고향마을 어귀에는
전설처럼 오래된
느티나무 한 그루가 서 있었네

단옷날 튼튼한 팔을 내주어
그네를 매달게 하고
겁 없이 타고 오르는 개구쟁이에게는
따끔한 쐐기벌레 침을 주기도 했지

식구 많은 가난한 집 큰 누나
동네 사람 볼세라
새벽이슬 털며
서울로 공장살이 떠나는 날
말없이 뒷모습을 지켜 주고
풀죽은 나에게 기대서라며
등허리를 내어 주었었지

긴 세월 세상 쫓아 살다가
이제는 타인이 되어 찾아온 고향

어깨동무 사라진 낯선 마을에
옛 모습 그대로 서 있는 느티나무

하릴없이 느티나무 발등에 앉아
눈 들어 바라보는 먼 산 위에는
흰 구름이 고요히 흘러만 간다

나무의 전설

땅은 그 향기로
나무를 살찌우고
하늘은
빛과 비와 바람으로
나무를 쓰다듬는다

온 세상 나무들에게
땅은 어머니요
하늘은 아버지이다

한 그루 나무가 되고 싶다

고독한 순례길을 지키는
한 그루 나무가 되고 싶다

위로만 크지 않고
곁으로도 가지를 내어
더위에 지친 순례자를 위한
쉼 그늘이 되고 싶다

애벌레에게는
연한 잎을 내어 주고
지친 새들에게는
아늑한 잠자리가 되고 싶다

행여 달콤한 유혹이 오더라도
심연처럼 깊은 뿌리로 인해
처음 맺은 언약을 지키고 싶다

안으로 안으로 기다림을 키워
모진 폭풍우도 쉬이 비켜 가는

넓고 단단한 가슴을 갖고 싶다

언젠가 나의 가을이 오면
노을 진 하늘 이고 붉게 타오르다가
한 줄기 바람 속 낙엽이 되어
망설임 없이 홀홀 떠나고 싶다

푸른 낙엽

겨울은 아직 멀었는데
때 이른 북풍이 분다
가로수의 푸른 나뭇잎이
낙엽 되어 거리에 흩날리고
오고 가는 사람들은
옷깃에 목을 감춘다

계절을 잇는 이음줄은
갈수록 옅어져 가고
먹구름 가득한 하늘엔
금방이라도 눈이 내릴 듯하다

일찍 지는 것이 어디 나뭇잎뿐이랴
채 여물기 전 떨어지는
여름 낙과는 얼마나 많던가

괜스레 걸음을 재촉해 본다
이미 세상을 등진 푸른 청춘들
나뭇잎은 항상 곱게 물들어야만
낙엽이 되는 것은 아니다

오늘도 우리는
거미줄처럼 서로 이어진
생명줄을 보지 못한 체
평범한 기적으로 쌓은 돌담 위를
무심히 걷고 있음이다

내 안에
흐르는 강

풍경의 밑그림

이른 봄날 연둣빛 새순이
여리게만 보이지 않는 것은
그 안에 짙은 녹음을 담고 있음이다

가을 산하 오색 단풍이
화려하게만 보이지 않는 것은
그 안에 소멸의 그림자를 담고 있음이다

풋사과 같은
그대 향한 서툰 나의 사랑도
세월에 농익어
언젠가는 숙명 같은 종착역에 이를 것이다

추수 끝난 가을 들판
먼 하늘 노을빛 속으로
기러기 한 떼가 줄지어 날아간다

시들어 가는 비비추를 보며

산다는 것은
영원의 시간 속
흐릿한 기억 한 순간이지만
시들어 간다는 것은
오히려 삶보다 선명한 흔적이다

시나브로 야윈 자태
의연히 메마른 향기
추상같은 고고함은
사라지는 것의 특권이다

무릇 때를 맞추어
떠나는 자의 뒷모습은
고단함을 넘어서
적막하나 외롭지 않은
새 생명의 빛을 잉태한다

아, 삶에서 멀어질수록
영혼은 자유의 날개를 편다

우화(羽化)

애벌레가 허물을 찢는다
익숙한 것과의 작별
드디어 새 옷을 입는다
우~화!

영겁의 시간 동안
한결같이 세상을 이끄는
창조주의 비밀 코드

"너의 한쪽 문을 닫되
다른 쪽 문을 예비하리라"

새벽 백사장

여명이 감도는 새벽
백사장을 맨발로 걷는다

해풍에 겨운 곰솔 가지엔
밤을 지새운 창백한
초승달이 걸려있고
먼 길 달려온 파도가
거친 숨을 몰아쉰다

파도야
너도 밤새 잠 못 이루었구나
검푸른 바다 위에 서서
끝없이 끝없이 출렁거렸구나

맨발에 부딪히는 흰 거품처럼
나도 누구를 향한 그리움으로
너처럼 흔들리고 있나 보다
나도 하얗게 부서진 가루가 되어
어느 낯선 백사장에 닿을까 보다

아, 삶은 끝없는 그리움이어라

몽돌해변에서

맨발로 몽돌해변을 걷는다
가없는 시간을 달려온
바다는 거친 숨을 토하고
해변 가득한 몽돌 구르는 해조음
잔잔한 바다는 결코 몽돌을 만들지 못한다

세상을 다 받아 내는 통 큰 바다도
아직 완전한 수평을 이루지 못했다
정북을 찾아 떠는 나침반 바늘처럼
수평을 찾아 끝없이 일렁이는 바다가
수억 년 품고 다듬어서
마침내 가슴으로 토해낸
검게 탄 속 돌, 그것이 몽돌이다

거친 세파를 외면하고
어이 삶의 몽돌을 바라랴
간단없는 영혼의 흔들림
나를 깨는 진통이 없다면
모난 돌의 우상을 맴도는

한낱 나부끼는 깃발의 허상
나의 정의는 편견이 되고
너의 공평은 불평등이 되리니
그러므로 서툴고 더딜지라도
가슴속 심연에서 굴리고 굴리는
수없는 가슴앓이를 하여야 하리라

서서히 다가서는 먹구름에
또다시 흰 이빨을 드러낸 검은 바다
해변의 몽돌은 다시 한 번 자지러진다

퇴근길

퇴근길 지하철 안
맞은편 검은 유리창 속
낯선 길손 하나
흐트러진 모습으로 앉아 있다

성글어 세어진 머리카락
풀어 헤쳐진 넥타이
초점 잃은 반쯤 감긴 눈
잠시 전 술좌석의 호기는
잔주름을 덮는 위장이었으리라

산다는 것은
내 안의 나를 소진하며
텅 빈 자리에 회한을 쌓고
아쉬움으로 덮어가는 것

유리창 속 길손 하나
오래된 그림처럼 익숙해 가는데
어느덧 도착역을 알리는 열차 방송

"내리실 문은 왼쪽입니다"

빈자리

꽃들은 예년처럼
저리도 곱게 피었는데
그대 떠난 빈자리
한 조각 햇볕만이
바람에 흔들리고 있습니다

숲이 우거지듯
내 그리움도 짙어
허전한 가슴에는
꽃이 피고
꽃은 지고
목 긴 기다림으로
또 하루를 보냅니다

시간의 벌판

투명한 육신이 되어
시간의 벌판 한가운데 서서
불어오는 바람을 맞고 싶다

내 영혼의 주인과 함께
광활한 거친 광야를
두려움 없이 걸어가고 싶다

카오스의 바다를 넘어
마침내 다다른 코스모스
영원히 변치 않은
나만의 그 무엇을 외치고 싶다

그냥 살자

주사 맞을 때
힘을 주면 아프다
삶인들 다르랴
두 주먹 불끈 쥔 인생
아픈 날이 참 많았다

이제는 주먹을 펴고 싶다
조금은 허풍을 떨더라도
조금은 샛길로 가더라도
괜찮다고 말해주고 싶다

무언가를 이루어야만
성공한 인생이 아니라고
그냥 사는 것도 좋은 인생이라고
힘 빼고 살아도 된다고
내 안의 나에게 말해주고 싶다

참회록

도시의 빌딩 숲속
수많은 인파 속에서
투명한 그림자 되어
밤이면 외로움에 몸을 떨었다

머릿속 저울추로
세상의 무게를 달고
가슴속 잣대로
삶의 길이를 쟀다

애초에 내 것이 없으니
잃어버린 것이 있으랴마는
목전의 내 것을 찾다가
문득 일그러진 내 얼굴을 보았다

어이 할까나
서쪽 하늘에 노을빛 짙어 가는데
상기도 짐은 무겁고 바람이 분다

딱지

상처 난 부위 딱지가
가려워서 뜯었더니
쓰리고 아픕니다

다시 피가 납니다

딱지 밑에는
새살이 돋고 있다는 것을
미처 몰랐습니다

딱지는
스스로 떨어질 때까지
그냥 두어야겠습니다

그대를 보낼 수 없네
- 세월호 참사에 부쳐

떠난 사람 보내야 한다지만
차마 그대를 보낼 수 없네
저 물결 아직도 출렁이는데
저 바람 아직도 흔들리는데
그대를 이대로 보낼 수 없네

잊을 사람 잊어야 한다지만
그대를 잊을 수 없네
4월의 연두색 어린잎이
봄볕에 저리도 고운데
꽃잎 하나 피우지 못한
그대를 이대로 보낼 수 없네

가슴 속 큰 못으로 남아
색 바랜 시간도 지울 수 없고
눈물마저 말라버린 답답함에
그대를 위해 울 수도 없네

내 삶이 끝난 날까지

검푸른 빛 되어 떠나버린
그대를 쓸어안고 가야겠네

나는 그대를 보낼 수가 없네

우주의 말(言)

우주는 거대한 언어 창고다

태양은 빛으로
달님은 그림자로
별님은 눈동자로
바람은 한숨으로 말한다

새는 노래로
나비는 춤으로
시냇물은 흐름으로
나무는 몸짓으로 말한다

나는 지금
창고의 작은 창문을 열고
가만히 두 귀를 세워
우주의 말을 듣는다

방파제

지척을 앞에 두고
수없이 맴돌다가
마침내 부서지는
하얀 포말(泡沫)

달려도 매달려도
끝내 닿을 수 없어
거친 숨으로 부르는
너의 아우성

무심한 빈 배만
풍경 좋게 흔들린다

밥을 먹으면서

누구나
밥을 먹으려면
고개를 숙여야 한다

매일 먹는 나의 밥은
수많은 생명의 희생임을
잊지 말라는 신의 묵시(默示)이다

난 한 번이라도
누구의 밥이 되어본 적이 있었던가

바위를 뚫는 믿음
― 터키 지하도시에서

난마 같은 세월
질곡과 박해의 눈을 피해
육신을 숨긴 극한의 땅

바위를 뚫어
믿음 자락 펼치고
뒤쫓는 공포를 달래니
생존을 향한 삶에는
가진 것 없음이
오히려 복이었나 보다

버릴수록 깊어지는
믿음의 뿌리는
시공(時空)을 넘고 넘어
오늘에 이르렀으니
거친 땅은 믿음을 기르는 옥토였구나

영혼마저 말라버린 백골은
어두운 동굴 속에 누워있는데

슬프도록 푸른 하늘
가릴 수 없는 따가운 햇볕만이
검게 탄 바위 위에 쏟아지고 있다

쓰나미

방파제를 가벼이 넘어
높은 건물을 휘돌고
가볍게 쓸어버린
수많은 차량과 교량
바다 깊은 곳 숨어있던
무심한 검은 너울

낭만을 자랑삼아
떠벌린 나의 푸른 바다
그건 단지 사발 속
한 움큼 바닷물이었음을

내 안의 교만은 몸서리치며 떨고 있었다

이제는 우리가

높은 산 골
분분한 잔설
나부끼는 꽃샘바람 속에서도
봄은 오나니
우리 지금 언 땅에 꽃씨를 뿌리자

시린 손을 마주 잡아
너와 나의 체온으로 데우고
서로의 먼지는 털어주면서
잠겼던 목소리를 다듬어
메마른 들판을 향해
푸르른 하늘을 향해
소리 높여 노래 부르자

주목받지 못한 꽃은 있으나
아름답지 않은 꽃이 없나니
굽은 허리 오금을 펴고 일어나
너와 내가 어깨동무하며
세상을 밝히는 꽃을 가꾸자

사랑하는 사람아
비록 꽃이 진다 해도
푸름은 돋아나고 열매를 맺으리니
너와 나는 흔적 없이 사라져도 좋으리

그 사람

간단없는 순간들을
차곡차곡 쌓아가다 보면
두꺼운 책을 다 읽고
마지막 쪽을 덮을 때처럼
문득 가슴 서늘하게
다가오는 사람이 있다

기억 속에 멍든 시간을
긴 날숨으로 지우다 보면
애써 눈을 감고 지우려 해도
풀꽃처럼 지워지지 않은 사람이 있다

일상의 광고 홍수 속
즉석식품에 취해 살다가
구수한 숭늉이 생각나는 것처럼
삶의 고순 내음이 배어서
담담히 떠오르는 사람이 있다

오늘처럼 소슬하게

가을비 내리는 날은
상처 난 영혼을 낱낱이 보여줘도
질화로처럼 따뜻하게
안아줄 것 같은 사람이 있다

그 사람이 곁에 있으면 좋겠다

그대와 함께라면

그대와 함께라면
울창한 숲과 만발한 꽃들
춤추는 벌 나비
노래하는 새처럼
가슴은 벅차오르고
심장 뛰는 소리는 더욱 크게 들릴 것입니다

그대와 함께라면
깜깜한 동굴 속에서도
손잡아 이끄는 대로
두려움 없이 나아 갈 수 있을 것입니다

그대와 함께라면
거친 풍랑 속에서도
먹구름 뒤에 숨은
푸르른 하늘을 바라보며
고난의 삶도 기쁘게 살아갈 수 있을 것입니다

그대와 함께라면

출발은 서툴더라도
마침내 닿는 곳에서는
향기로운 열매를 담을 수 있을 것입니다

사랑하는 그대여
나의 손을 붙잡아
그대 가는 곳으로 나를 이끄시기를
그리하여 마침내
그대 있는 곳에 내가 있게 하소서

바람, 그리고 당신

검은 숲을 지나서
가없는 심해를 건너
내 영혼을 흔드는 당신은
소리 없는 메아리입니다

길 없는 길을 헤맬 때
부드러운 풀잎을 흔들어
이마의 땀을 닦아주고
거친 광야를 건널 때
눈보라로 시험하는 당신은
아무리 퍼내도
바닥이 보이지 않는
마름이 없는 사랑입니다

잔잔한 물결을 어루만져
끝없는 파문을 일으키고
검푸른 바다 위에서
하얀 분노를 드러내는 당신은
알 수 없는 천 길 물속입니다

나부끼는 옷자락으로
뜻 모를 향기를 남기며
흔적 없이 떠나버리는 당신은
영원한 그리움입니다

소쇄원에서

풀꽃 잎 한 자락을
쓰다듬던 바람 한 점이
흰 나비 등을 타고
소리 없이 흐르다가
고인 물 위에서 머뭇거리고 있다

바위틈 푸른 이끼는
지금인 듯 어제를 얘기하고
제월당(霽月堂) 툇마루 앞 계곡은 깊어
더 멀어 보이는 무등(無等)의 언저리

선비는 가고 넋은 남았는가
입구에 늘어선 울창한 대나무 숲
쉬지 않고 하늘 구름 휘젓는다

터벅터벅 내려오는 등 뒤에
댓돌 딛는 낙숫물 소리가
지친 길손 어깨를 토닥토닥 두드린다

손주

해외에서 태어난 손주를
영상으로만 보다가
수개월 뒤 만나서
처음 가슴에 안은 날
두 눈은 촉촉이 젖어 들고
세상은 참 따스했다

자식에 대한 아쉬움도
나이 듦의 서운함도
오월의 연두색 물결에
숨 쉬듯 녹아들고
지금쯤 어디선가
나를 내려다보시는
아버지 어머니의 모습이
너무도 가까이 계셨다

새순 돋아나듯 삶은 이어지고
산다는 것은 매일이 기적이라며
작은 손가락은 꼼지락거리고 있었다

별을 걷는 그대

그대 걷는 길 외로운가요
홀로 간다고 외로워하지 마세요
그대 가는 길 앞에는
하얀 나비가 너울거리고
메꽃들이 줄지어 나팔을 울리며
언덕에는 키 작은 애기똥풀이
노란 손으로 재롱을 부리잖아요

그대 걷는 길 지치셨나요
그럼 가끔은 쉬어 가세요
꾀꼬리, 동박새, 방울새가 노래 부르고
곤줄박이, 딱새, 어치는 춤을 추네요
산비둘기는 구우~국 북을 치고요
낮에는 짙은 숲 사이로
조명처럼 빛이 쏟아지며
밤에는 푸른 달빛이
호수처럼 가슴을 가득 채워주잖아요.

그대 가슴 멍들었나요

너무 아파하지 마세요
거친 땅속에도 지하수는 흐르고
시냇물은 쉼 없이 바다를 향하듯
우리는 그렇게 흘러가는 곳이 있잖아요

수많은 악기가 모여
장엄한 선율을 만들어 내듯
그대 있으매 세상은 더 아름답습니다
당신은 우주에 하나뿐인
누구도 대신할 수 없는 그대이니까요

딸아이가 애를 낳았다

내 마음속 영원한 천사
결혼한 딸의 임신 소식
"아이가 아이를 가졌다고!"

임산부로 변해가며
힘들어하는 딸의 모습
공연히 안쓰럽고 미안하다

조마조마 속에 드디어 탄생한
손목 만 한 온전한 생명
아이에서 엄마가 된 내 딸 품에
손가락 발가락 꼼지락거리며
힘차게 젖을 빠는 갓난아기
딸아이가 무척 크게 보인다

매일 무심히 스치는 사람들 모두가
이 기적을 안고 있다는
전혀 새롭지 않은 일상
이렇게 어마어마한 일들을
아무렇지 않은 듯 이루시는 이는 누구인가

우리 사는 세상

아이가 자라서 아이를 낳는다는
세상에서 가장 흔한 얘기는
생명이 생명을 맞잡고
세상의 빛을 향해
오래된 미래로 가는 문이다

태초 이래 한순간도
쉼이 없는 탄생과 소멸의 바퀴
헤아릴 수 없는 흐름 속에
한 번이라도 똑같은 생명이 있었던가
어제와 같은 날이 단 하루도 없듯이
모든 생명은 그 수만큼
유일하고, 유일하고, 유일하다

오늘도 우리는
거미줄처럼 서로 이어진
생명줄을 보지 못한 체
평범한 기적으로 쌓은 돌담 위를
무심히 걷고 있음이다

아, 창조주의 위대한 숨결이
온 누리를 덮고 있는
우리 사는 세상

물웅덩이

비 온 뒤 물 고인 웅덩이가
산 하나를 통째로 담고 있다

내 마음 깊은 곳
작은 호수 하나 있어
담담히 세상을 담는다

바람 부는 날

바람 부는 날
온몸을 감싸 안은
부드러운 너의 손길

풀들을 누이고
꽃들을 어루만지며
내 옷자락을 잡고
머리카락을 간지럽힌다

너는 나를 만지는데
나는 너를 만질 수 없는
그래서 네 모습이
더욱 그리운
바람 부는 날

선풍기를 닦으면서

한여름 끝에 앉아서
선풍기를 분해한다
날개 죽지에 앉은 까만 먼지
지난여름 치열했던 흔적이다

비누로 거품을 내어
수세미로 문지른 후
정성껏 선풍기 날개를 닦는다
거품과 함께 꾸역꾸역
하수구로 사라지는 찌든 먼지
선풍기가 다시 깨끗해졌다

힘겹게 가을 문턱을 넘은
짧지 않은 초로의 나이
지나온 세월의 길목마다
내 안에 쌓인 먼지도
매년 선풍기 씻듯이 벗겨낸다면
내 가슴에 신선한 바람을
다시 일으킬 수 있으려는가

샤워기 호스를 들어
선풍기를 씻듯
차가운 물줄기를 발등에 대본다

모멘토 모리

거미줄에 나방이 걸렸다.
검은 거미가 천천히 다가간다

죽음은 거미줄처럼 투명하고
두려움은 거미처럼 소리가 없다

삶의 지평 너머에서 숨 쉬는
진실은 늘 이렇게 다가온다

세밑에 서면

너덜너덜 해어진 삶도
세상을 향한 원망도
온 누리 흘러가는
세밑 큰 강물에는
한낱 뒤안길로 가는 거품이다

겁에 질려 내달리다
상처받고 주저앉은 사람에게
왜 사냐고 묻는 것은 우습다
살아간다는 지평(地坪)에
논리(論理)가 설 땅이 있겠는가

세상에 외로운 사람이
혼자만이 아니라는 것은
가난한 자에게는 위안이다
이루지 못했음을
오히려 즐거워하며
한해를 가슴으로 접는다

새록새록 다가오는 내일은
숱한 모순(矛盾)의 정글 속에서
또다시 이어질 것이다

이제는 세상에 있지 않은
어머니의 힘겨웠던 긴 여정은
이제 누구의 기억에도 없는 외딴섬이 되었다

어머니의 섬

잘 가거라

홀로 되신 엄니를 뵙고
서둘러 나서는 귀경길
구부정한 모습으로
대문 밖까지 나오신 엄니
늙으신 몸보다 더 깊은 목소리로
하시는 말씀
"자아알 가거라 잉~"

작심하고 한참을 걸어
골목길 끝에서 뒤돌아보면
처음 모습 그대로
다시 한번 손을 내치시며
하시는 말씀
"얼른 자아알 가거라 잉~"

고향 집 사철나무 울타리는
예처럼 푸른데
이제는 그 목소리를 들을 수 없어라

꿈결 같은 엄니 목소리
구멍 난 가슴에 묻고
다시 선 엄니 뫼 앞에서
엎드려 드리는 말
"엄니, 저 갈게요"
....
"엄니도 자아알 계세요"

어머니의 외딴섬

창문밖에 눈이 쌓이던 날
어머니와 무릎을 맞대고 앉아
어제 같던 옛 얘기를 듣는다.

시집와서 처음 얼굴을 보았다던 아버지는
얼굴도 채 익히기 전
일본 어딘가로 징용을 가고
수년 동안 생사도 몰랐는데
그보다 더 걱정인 것은
식구 많고 쌀독 빈집에
어김없이 돌아오는 삼시 세 끼니였단다.

소나무 속 가지를 얇게 벗겨내어
쑥과 밀기울로 버무려 입에 풀칠하며
힘겹게 넘었던 일제강점기 보릿고개
그걸 먹고 나면 굶주림은 가셨으나
심한 변비로 "똥구멍이 찢어지게" 아팠단다.

해방되어 이제 살만하려나 했더니

영문도 모르는 난리가 나서
밤에는 반란군이 마을로 잠입하고
낮에는 더 무서운 경찰관들이
총검을 들고 들어왔단다.

어느 날 한밤중에 들이닥친
총 든 반란군들의 강요에 못 이겨
이웃네와 함께 밥을 해주었는데
한밤 굴뚝에서 연기 난 것을 알고
낮에 경찰들이 동네에 들어와서는
어젯밤 반란군에게 밥을 해준
어머니와 이웃네를 죽이겠다며
경찰들 총구 앞에 세우더란다.

그때 어머니는
떡 아기인 둘째 형을 안고 있었는데
아무리 험한 세상이라지만
너희도 자식이 있는 아비일 진데
아기 안은 엄마를 죽이겠느냐는

어이없는 배짱으로 버티고 서 있었단다.

그런데 눈치 없는 큰어머니가
아이까지 죽이려고 하냐면서
어머니 품에서 둘째 형을 빼내 가버린 후
갑자기 밀려오는 죽음의 공포로
온몸이 바람 앞 사시나무 잎 같이 떨리더란다.

당시 마을 이장이셨던 아버지가
죽도록 얻어터지면서 빌고 빈 덕분(?)에
간신히 즉결 처형만은 면했다는데
어머니와 이웃네를 죽이겠다던
수염투성이 저승사자 같은
그 경찰관 마음이 언제 변할지 몰라서
이웃네와 잠시 야반도주하기로 작당하고
실행에 옮기려는 그날 저녁 무렵
그 경찰관이 마을로 넘어오는
'으라리'고개라는 곳을 지나다가
매복한 반란군과의 교전 중에
죽었다는 소식을 들었단다.

사람이 죽었다는데
가슴이 시원한 것은

그때가 처음이었다고 하면서
순국(殉國)한 그 경찰에게
미안해하던 어머니의 모습이
지금도 눈앞에 선한데
이제는 세상에 있지 않은
어머니의 힘겨웠던 긴 여정은
이제 누구의 기억에도 없는 외딴섬이 되었다.

희뿌연 안개 속 어머니 섬에는
출렁이는 파도가 그치지 않는데
섧던 날들이 오히려 따스했던 시절
친지도 멀어져 점점 잊혀 가고
설날이 돌아와도 세배할 곳이 없는
풍족한 시대 속에 갇힌 허기진 영혼이
오늘도 어머니의 외딴섬을 찾는다.

어머니 섬에도 눈이 내려
첫돌 잔치 백설기처럼 쌓여 있는데
금방이라도 버선발로 반길 것 같은
하얀 어머니의 모습이
가지 끝 바람 되어 흔들리고 있다.

백반집 노부부

북창동 골목 오래된 백반집 식당에서 혼자 늦은 점심을 먹는 날 백발의 노부부가 들어온다. 얼추 나이 비슷한 식당 주인이 어서 오라며 자리를 권한다.

주문받은 백반 상을 차리면서 주인이 하는 말,
두 분이 함께 나왔으면 좀 더 맛있는 식당에 가시지 왜 이런 곳에 왔냐며 미안해한다.

노부인이 미소 지으며 백반보다 맛있는 게 있냐고 반문한다.
계면쩍은 표정을 짓고 있던 남편이 먼저 수저를 들고 시래깃국 맛을 본 후 부인에게 어서 들라며 반찬을 내민다.

노부부가 오래된 백반집 식당에서 하얀 머리를 맞대고 하얀 김을 호호 불어가며 하얀 쌀밥을 먹는다.

너 참 잘했다

스위치를 돌려 끈을 조이는 신식 등산화를 장만했다.
친구들과 산행 가는 날 시간에 쫓겨 허둥지둥 나오는데
아내가 조심하라며 현관까지 따라 나온다.

신발장에서 새 등산화를 꺼내 놓고 아내에게 상표 좀 떼어달라고
부탁했다. 아내가 가위를 가지고 와서는 상표 달린 줄을 "싹뚝"
자른다.

서둘러 신발을 신으려는데, 아뿔싸! 신발 끈이 끊어져 있다.
아내가 상표 달린 줄인 줄 알고 그만 신발 끈을 잘라버린 것이다.

순간 "욱"하고 올라오는 감정
('아니, 상표 줄과 신발 끈도 분간하지 못해요')
('그게 얼마짜린데, 눈은 어디에 두고 왔어요')

아서라, 홧김에 내뱉은 말이 얼마나 아픈 가시가 되어
아내의 가슴을 찌르고 나를 향해 되돌아올 텐데.

"어두워서 잘 안 보였나 봐, 헌 신발 신고 갔다 올게요."

미안해하는 아내를 뒤로하고 아무렇지도 않은 듯 집을 나섰다.

지하철역으로 바삐 걸어가면서 조금 전 내 감정대로 막말했을 경우 일어날 수 있는 일을 상상해 보았다.
....
....
....
그리고 나에게 말했다.
"너 참 잘했다!"

산행을 마치고 집으로 돌아오니 아내가 반갑게 맞아준다.

내 안의 욕망

매일 보는 거울 속 내 모습에 익숙해지다 보면 옛 사진 속 내 모습이 오히려 낯설다. 옛것은 이처럼 기억 속에서 서서히 옅어져 간다. 어디 보이는 것뿐이랴. 슬픔도 오래되면 익숙해진다. 명절에 공원묘지 가면 떼가 채 마르지 않는 오래되지 않은 죽음 앞에 선 가족들은 슬픔에 젖어 울기도 하지만 오래된 죽음 앞에서 성묘하는 가족들은 소란스럽고 때론 웃기도 한다. 결국 세상의 모든 존재는 그것이 유형이든 무형이든 거대한 시간이라는 절대자 앞에서 단지 사라져 가는 과정에 잠시 머무는 미미한 존재일 뿐이다.

변해 버린 지금의 모습에 익숙해지고 옛 모습을 잊어간다는 것, 가장 사랑하던 사람마저 망각의 시간 속에 묻어야 한다는 것, 마침내는 우리 모두 경계를 넘어 소멸해 간다는 것, 생각하면 두렵다. 그러나 소멸은 모든 존재의 근본이기에 또 다른 새로운 존재의 길로 들어가는 문(門)임을 믿는다.

정녕 두려운 것은 마지막까지 내려놓지 못하는, 시간의 굴레에도 육신의 쇠약함에도 쇠약해지지 않는 내 안의 욕망이다. 언제쯤이면 이 욕망으로부터 자유로울 것인가. 삶은 이 욕망을 떠나서는 존재할 수 없는 것인가.

어쩌면 세상은 이 욕망 때문에 지속하고 있는지도 모른다. 그렇다면 우리의 삶은 육신이 멈출 때까지는 완전한 자유를 맛보지 못할지도 모른다. 오늘도 난 내 안의 질기고 질긴 욕망과 씨름하고 있다.

아내의 방

집안 구석진 곳곳엔 포장도 뜯지 않은 상자가 하나씩 둘씩 늘어간다. 사용하지도 않을 물건들을 왜 사서 쌓아 두는지 불평했더니 딸아이 시집갈 때 줄 혼수품이란다. 딸아이 결혼에 필요한 신접살림을 위해서는 평소에 생각날 때마다 하나씩 준비해 두어야 목돈이 들지 않고 빠진 게 없단다.

생각해 보니 시골에서 상경하여 기숙사와 자취방을 떠돌던 가난했던 나의 총각 생활이 결혼하자 갑자기 윤택해졌음을 기억한다. 그 모두가 아내의 혼수품 덕분이었다. 그 혼수품 하나하나는 대부분 장모님이 평소 당신의 따님이신 아내의 신접살림을 위해 준비하신 것이었다. 이제 아내도 딸아이의 신접살림에 필요한 물건을 하나씩 둘씩 쌓아가고 있다. 그런데 나는 방에 쌓이는 상자 더미가 많아질수록 딸아이의 혼기가 점점 다가온다는 느낌과 함께 언젠가 정말 아내의 방이 비어버린 날이 실제로 올까 봐 내심 걱정이 들기도 한다.

아내의 엄마가 아내에게 했던 것을 지금은 아내가 딸아이에게 하고 있다. 집안 곳곳에는 아내의 엄마에 대한 그리움이 딸아이의 혼수품으로 차곡차곡 쌓여가고 있다. 딸아이도 훗날 결혼하여 엄마가 되면 자신의 딸을 위해 아내처럼 하나씩 하나씩 혼수품을 사서 방에 모아둘 것이리라.

명자꽃 사랑

언젠가는 당신이 내 곁을 떠나리라는 것을 예감하면서도 먼저 말을 꺼내지 못했습니다. 당신을 곁에 붙잡을 수 있는 그럴듯한 말이 떠오르지 아니하였기 때문입니다. 가슴에 묻어둔 말들은 눈부신 봄볕으로 인해 하얗게 변해 버렸습니다. 나는 하릴없이 붉은 명자꽃 떨어진 잎 자락만 바라보다가 언덕 넘어 숲으로 이어진 오솔길을 혼자서 종일 걸었습니다.

어느덧 밤안개가 낮게 깔린 긴 어둠이 찾아왔습니다. 머잖아 이 안개가 모두 걷히고 나면 오솔길 끝 어디쯤 우리의 만남이 기다릴 것이라는 막연한 기대를 하면서, 사람은 누구나 기다림 하나만으로도 살아갈 수 있다는 다짐을 되뇌곤 하였습니다. 오래된 이름만큼이나 흔한 꽃이니 어디 간들 다시 못 만날 것이냐는 조금은 허황한 배짱도 있었나 봅니다.

가뭇없는 세월의 강물에 봄은 오고 가고 또 가고 오고, 그리하여 정열의 붉은 색은 시나브로 흐릿해지다가 마침내 흑백의 사진이 되어 기억 저편에서 조용히 머물던 어느 날, 문득 당신은 새봄처럼 내 앞에 나타났습니다. 은빛 머리 위에 봄볕을 가득 얹고서 초록색 치마저고리에 붉은 옷고름을 달고서 봄날의 그림자처럼 소리 없이 다가왔습니다.

세월의 물레방아는 돌고 돌아 명자꽃 가지마다 솟아 있던 가시조차도 무디게 만들었나 봅니다. 빛나던 눈동자는 그윽이 깊어졌고 잔 주름진 입가에 이는 미소는 가슴속 담아둔 세월을 얘기합니다. 뜨거웠던 정열의 붉은 입술도 이제는 은은한 화롯불의 온기처럼 미소를 머금고 있음을 알 수 있었습니다.

긴 기다림의 끝에 오는 짧은 해후, 그 속에 다시 긴 사연을 묻습니다. 사랑이 모두 해피엔딩으로 끝날 수는 없겠지요. 봄날 명자꽃 앞에서 아무도 모르게 당신을 불러봅니다. 그것은 가슴 시린 첫사랑이었습니다. 그리고 언젠가는 내가 함께 가지고 갈 그리움이었습니다.

12월의 달력을 뜯으면서

해마다 마지막 달력을 뜯을 때면 너무나 통속적인 문구인 '세월 참 빠르다'라는 말이 먼저 스친다. 달리 이 말 이외에 적합한 말이 떠오르지 않는 것이다. 60여 년을 그래왔던 것처럼 내 삶의 또 한 매듭을 짓고 있는 순간이다. 과연 앞으로 지을 나의 매듭은 얼마나 남았을까 하는 두려움과 함께 유사 이래 아직도 답이 없는 질문이 또다시 고개를 든다.

"잘 산다는 것은 어떤 삶을 말하는가?"
일찍이 철학자 키에르케고르는 삶에서 실존의 본질은 "두려움과 떨림"에서 시작되는 것이라고 했다. 기다리지 않아도, 죽어도 오고 마는 삶의 끝에 대한 두려움과 떨림에 대한 인식이 우리의 삶에 대한 태도를 결정한다는 것이다. 나의 삶의 달력도 언젠가는 내가 달력을 뜯어내는 것처럼 나를 보내신 이에 의해 뜯기어질 것이라는 생각이 들면서 이 확실한 사실 앞에 나는 진정 "두려움과 떨림"을 갖고 나의 삶을 대하고 있는지 자문해 보는 것이다.

바람에 이는 하찮은 나뭇잎 하나를 보면서도 어떤 이는 까르르 웃음을 짓기도 하고 어떤 이는 자아에 대한 성찰로 인한 괴로움으로 잠을 설치기도 한다. 세상에 일어나는 일들은 하나뿐인데 그에 대한 사람들의 인식은 사람들의 숫자만큼이나 제각각일 수 있는 것이 우리 삶의 얘기다. 똑같은 세상일을 대하고서도 이에 대한 사람들의 생각이 다른 것은 삶의 "두려움과 떨림"에 대한 각자의 인식이 다르기 때문일 것이다. 그 인식이 그 사람의 행동으로 나타날 때 우리는 그 사람이 어떤 사람이라고, 또는 어떤 사람이었다고 부질없이 평가하기도 한다.

한 해 동안 세상에 발생했던 크고 작은 사건들을 되돌아보면서 나는 그것들에 대해 어떤 인식을 했으며 어떻게 행동했었는가를 자문해 본다. 진정 삶에 대한 "두려움과 떨림"을 바탕으로 나의 인식과 행동은 죽음이라는 경건의 거울에 비추어 부끄러움이 없었다고 할 수 있는지 곰곰이 생각해 보는 것이다.

삶은 무엇이며 죽음은 무엇인가에 대한 답을 할 수 없어도 누구나 삶의 끝이 온다는 것은 알고 있다. 산다는 것은 참으로 비논리적이다. 삶의 끝이 오리라는 것을 알면서도 우리는 아이를 낳고 더 많이 갖기 위해 몸부림치고 때로는 남을 헐뜯고 미워하며 무시무시한 살인 무기를 개발하여 단 한 번 본적 없는 사람들을 아무런 죄책감없이 죽이기도 한다. 모두 조국을, 국가를, 세계평화를 위한다는 명분을 내세우지만 진정 삶의 "두려움과 떨림"에 대한 성찰은 없어 보인다. 앞으로도 세상 사람들은 지금 시대를 살아가고 있는 사람처럼 살아갈 것이다. 어쩔 수 없는 미숙한 인간의 숙명이다.

한해의 달력을 뜯으면서 조금은 경건해지고 싶다. 천근 같은 욕심을 내려놓고 나뭇잎이 낮은 곳으로 내리듯 그리운 사람 곁에 내려앉아 쉬고 싶다. "내 눈의 들보를 보지 못한 채 남의 눈의 티끌"을 찾아내려 했던 내 어리석음을 직시하고 가장 고운 목소리로 기도하고 싶다. 모순 많은 나의 삶의 모습을 정직하게 고백하고 용서받고 싶다.

시평

따뜻한 서정을 바탕으로 한
공감각적(共感覺的) 시선

양현근 시마을 대표

동서고금을 막론하고 시가 무엇인가에 대한 논의는 오랫동안 이뤄져 왔으며, 관점에 따라 수많은 정의가 내려지곤 한다. 릴케는 "시는 체험이다. 체험을 나름대로 인식하고 그것을 글로 표현한 것이기 때문"이라고 정의했다. 반면, 피에르 르베르디는 "시란 정신과 현실이 끓어오르는 교섭 뒤에 침전하여 생긴 결정이다"라고 말했다. 이오시프 브로드스키는 "정서와 사상을 발휘하여 운율적인 언어로 압축하여 표현하는 문학 양식"이라고 정의한다.

다양한 정의와 관계없이 시는 곧 우리 마음에 그리는 그림이며, 언어로 구축된 이미지(像)라 할 수 있다. 음악처럼 사람의 오감에 직접 호소하는 것이 아니라 글을 통하여 읽는 이의 감성에 호소하는 예술이 곧 시라는 정제된 표현 수단이다. 따라서 시인과 독자는 글이라는 매개체를 통하여 서로 교감하게 된다. 시인은 생각이나 느낌을 리듬이나 언어의 울림과 같은 음악적 요소와 언어적인 이미지, 회화적 요소 등을 활용하여 독자의 감정에 호소하고, 상상력을 자극하여 감명을 주는 것을 목적으로 하는 운문문학이라 할 수 있다. 정서나 사상을 통해 삶의 문제를 형상화하기 위하여 함축적·운율적 언어를 사용하는 대표적인 언어 예술이 곧 시이다. 따라서 운율과 심상, 그리고 압축된 형식미가 중요한 작용을 한다. 또한 화자의 목소리와 어조(語調)를 통해 시인의 생각을 드러내는데, 다양성을 내포하는 다의성(중의성)을 지닌다.

이용찬 시인의 시에는 인간이기에 직면할 수밖에 없는 다양한 아픔과 자연에 대한 동경, 그리움이 내재되어 있다. 자연과 일정한 심미적 거리를 유지하면서 자연과 함께 호흡하며, 자연의 일부가 되기 위해 노력하고 있다. 그리고 본인의 경험을 차분하게 시어에 내재화시켜 진정성을 획득한다. 시인은 자연과 계절의 순환, 그리고 꽃으로 대변되는 이미지를 통하여 시대의 불안과 결핍, 그리고 부재와 상실의 아픔을 표현하고자 한다. 시인은 사물이나 이미지를 최초로 맛보고 최초로 느끼는 사람이다. 상관물을 남과 다른 시선에서 쳐다보고 시어에 남과 다른 감각을 매다는 작업이 곧 시를 쓰는 과정이다. 따라서 시인에게는 남다른 상상력과 남다른 설렘으로 본인의 직간접적인 경험을 탐색하고 사유하는 섬세한 더듬이가 필요하다. 그런 면에서 이용찬 시인은 유년의 경험으로 독자들을 데리고 가는 섬세한 추억의 더듬이를 가지고 있다.

> 연푸른 초록 치마 수줍게 둘러 입고
> 긴 막대에 매어 단 연보라 청사초롱
> 환하게 밝히는 초하의 푸른 어스름
>
> 초롱 불빛 가려 밟고 오실 이 누구신가
> 햇보리 밥 푸른 내음 상기도 멀었는데
> 등불은 하나둘씩 이른 벌에 지더이다
>
> ―「초롱꽃」 전문

꽃은 피고 지지만, 그 과정은 우리 인간의 눈에는 드러나지 않는다. 우리는 그 결과물인 꽃을 보거나 꽃이 진 이후를 볼 따름이다. 시인은 눈에 보이지 않는 과정을 탐색하기 위하여 과거로의 따뜻한 여행을 시작한다. 그리고 '초롱꽃'을 통하여 자연 너머의 것을 꿈꾸며, 찌든 현실을 연초록 노래로 승화시키고자 한다. 자연은 그 자체로 충분히 아름답다. 그리고 순수하다. 누구보다도 예술성이 뛰어난 숲과 자연, 그리고 걸작품들을 우리에게 내주고 있다. 시인은 상상의 힘으로 그 자연을 추억 가운데 소환하고, 찌든 현실을 승화시킨다. 이용찬 시인에게는 불순물을 정화시키는 따뜻한 필터가 내장되어 있다. 시인의 따뜻한 시선으로 바라본 유년의 초롱꽃은 수십 년의 세월을 건너와 그대로 독자들에게 감정이입 된다. "상상과 공상은 현실에 기록될 수 없는 허상의 것이 아니라, 예술적 작업을 이끄는 강력한 동기가 되고, 어느 시점에서 그 효과를 발휘하는 실존"이 된다고 한다. 우리는 그 꽃잔치에 초대받은 손님들이다.

거실 큰 화분 빈자리
어디선가 날아온 괭이밥 하나
조각 빛으로 부지런 떨더니
어느새 점점 자리를 펴고 앉아
유년 시절로 날 끌고 간다

괭이밥이 지천으로 있는
내 어릴 적 마을 언덕
풀 뜯느라 여념 없는 어미 염소
껑충 깡충 재롱떠는 새끼 염소 곁에
두 팔 베고 풀밭에 누우면
하늘은 왜 그리도 높고 푸르렀는지

공연히 불편해진 심사에
괭이밥 한두 잎을 뜯어 씹으면
눈살을 찌푸리게 하는 짜릿한 신맛
애써 두 눈 감고 외면한 푸른 하늘

이제는 꿈에서 편안해진
초로(初老)의 나이
우연히 거실로 들어온
화분 속 괭이밥 한 포기가
가뭇없이 멀어진 그 시절
빛바랜 한 장의 사진을 찍는다

─「괭이밥 추억」전문

고향 시골집 장독대 주위
늦은 봄부터 한 계절 내내
달개비가 꽃을 피워 냈다

새벽이 더 바쁜 울 엄니
낡은 광목 치맛자락을
보라색 슬픔으로 물들이는 꽃
싸리문 넘어 땅거미 내릴 즈음에는
초록 비단 주머니를 달고
함초롬히 서 있는 꽃

울 엄니 없는 빈 장독대
올해도 달개비는 자라고 있다

─「달개비」전문

어떤 계기로 우연히 화분 속에 피어난 괭이밥 한 포기에서 시인은 오래전 마을 언덕을 본다. 그 아득한 과거는 현재, 그리고 오지 않은 미래와 맞닿아 있다. "이제는 꿈에서 편안해진/초로(初老)의 나이/우연히 거실로 들어온/화분 속 괭이밥 한 포기가/가뭇없이 멀어진 그 시절/빛바랜 한 장의 사진을 찍는다".

자그만 화분에서 발화한 기억은 과거와 현재, 그리고 미래를 오가며 무한 확장한다. 이제 모든 욕심을 벗어던져 편안해진 초로에 닿아보니 괭이밥 한 줄기가 마음 한가운데 빛바랜 사진 한 장을 찍고 있다.

그 빛바랜 사진 가운데 어머니가 문득 달개비꽃으로 피어난다. 어머니가 떠난 빈 장독대를 지키고 있는 달개비꽃은 여전히 무심한 듯 피어 있다. "초록 비단 주머니를 달고/함초롬히 서 있는 꽃" 달개비꽃을 보면서 시인은 어머니를 떠올린다. 어머니는 늘 바쁜 농사일 돌보랴 집안일 살피랴, 몸이 열 개라도 모자랄 만큼 일하셨다. "새벽이 더 바쁜 울 엄니/낡은 광목 치맛자락을/보라색 슬픔으로 물들이는 꽃" 달개비꽃이 나지막하게 피어 있는 고향 집 장독대에 오늘도 땅거미가 내린다. 그 땅거미를 따라 자신의 존재에 대한 의미를 되묻는다.

몸은 비록 현실이라는 터전에 서 있고, 도시 생활에 지쳐있지만, 마음은 잊혀진 '고향'이라는 원초적 그리움과 목마른 원형질의 '통증'에 시달린다. 비록 괭이밥과 달개비가 잊혀진 유년의 추억과 고향을 소환했지만, 지금은 사라진 과거이다. 되돌아가고 싶어도 갈 수 없는 통증이다. 징한 그리움이다. 다시 그 고향에 가본들 어린 시절의 그 모습들은 온데간데없을 터이다. 통증도 심해지면 더러 잊히기도 한다. 잊혔다가도 습관처럼 되살아나서 수많은 말을 걸어온다. 어제의 일처럼 선명하게 가슴 한 끝에 먹먹함을 던진다.

이용찬 시인이 그리는 시 세계는 기본적으로 따뜻하다. 그리고 희망과 꿈을 노래한다. 시인의 시선에 포착된 사물이나 이미지는 경험을 통해 자의식에 깊숙하게 잠재되어 있는 시감(詩感)을 수시로 불러낸다. 꿈을 통하여 발현하기도 하고, 작은 사물을 통하여 교감하기도 한다. 시인의 눈은 계절의 손바뀜을 무심하게 바라보면서도 시감은 자유롭게 發話한다. 그리고 몰입한다. 시인은 "꽃"과 "나무"로 얘기하는 "자연"에 주목한다. 그리고 "계절"의 변화와 그 변화가 가져오는 자연의 목소리에 수시로 감응한다.

〈가을비〉의 풀벌레 소리가 그렇고, 봄이 여름으로 가는 뜨락에 밤하늘 뭇별들이 이슬을 머금고 있는 〈별꽃〉의 얘기며, 하얗게 세어진 머리를 풀어 제끼고 새 영토를 찾아 떠나는 〈도시에 핀 민들레〉의 전언이 그렇다. 삶이란 또 다른 비상을 꿈꾸는 일이라는 희망의 메시지다. 〈쇠뜨기의 꿈〉에서는 폐허의 빈터에 누워 작은 상처를 즐겁게 보듬는 소시민의 아픔을 노래한다. 아스팔트 갈라진 틈을 뚫고 나와서 억센 생명력을 보여주는 〈도시의 방동사니〉도 같은 맥락이다. 비록 어렵고 힘들더라도 바람에 눕지 않는다는 강인한 의지의 발로다. 시인은 작은 생명체를 통하여 희망을 노래하고, 상처를 치유하는 법을 배운다. 차분하고 낮은 목소리이지만, 내부에서 출렁이는 것들은 늘 뜨겁다. 그리고 다정하게 말을 걸어온다. 정이 많은 탓이다. 잊혀진 것들, 소중한 것들이 많은 탓이다.

종래의 시(詩)를 의미하는 한자를 풀어내면, 곧 언어의 사원이다. 시의 언어가 그만큼 귀하게 여겨지고 있다는 의미일 것이다. 또한 언어예술의 대표적인 장르이기 때문에 시어의 사용에 있어 함축적, 비유적 형태가 많이 활용된다. 표현형식에 있어 음악성과 운율이 뒷받침되는 형태가 대부분이다. 그러나 오늘날에는 이러한 정의에서 많이 벗어나 있다. 운율이나 청각 중심의 전통에서 벗어나 시각적 이미지와 자유로운 상상력이 강조된다. 모더니즘 시는 19세기 후반에서 20세기 초반에 등장한 문학 운동으로, 전통적 형식에서 탈피하여 실험과 개인의 표현에 초점을 맞춘 것이 특징이다. 이러한 모더니즘 시에 이르러 현대시는 사회의 파편화와 복잡성을 포착하려는 시도에서 시를 조각조각 내어 단절된 행들이나 연들로 나누는 것이 유행하였다. 또한 인간 정신의 내면을 포착하기 위하여 다양한 방식을 시도하였으며, 모호성 및 중의적인 해석을 시의 주요한 흐름으로 장착하였다.

오늘날의 한국 시단을 시의 르네상스라고 표현하는 사람도 있는 것 같다. 시인의 숫자가 몇 만 명을 헤아리고, 하루에도 수도 없는 시집이 쏟아져 나온다. 그러나 시인의 무한 양산과 시집의 범람에 비례하여 독자들도 그만큼 늘어나고 있는지에 대해서는 의문이 아닐 수 없다. 표현 방식의 파편화와 과도한 의식의 흐름, 상징성 및 암시성과 복잡한 이미지의 차용, 전통적인 시의 형식이나 규칙을 벗어난 다양성은 독자들이 시를 쉽게 접할 수 없게 만드는 부작용을 가져온 것이다. 무엇이 독자들에게 시를 어렵게 생각하게 만들었는지, 그리고 시인과 독자들을 분리시킨 이유는 무엇인지에 대한 통렬한 반성이 필요하다고 할 것이다.

봄은 보는 것이다
설원에 홀로 핀 복수초를
마른 가지에 솟는 연둣빛 기적을
언 땅을 뚫는 새싹의 숨결을
마음의 창을 열고 보는 것이다

봄은 보는 것이다
씨앗 속 감춰진 비밀을
마른 대지에 이는 바람을
물과 길을 잇는 징검다리를
지혜의 창을 열고 보는 것이다

―「봄을 본다」부분

시인은 봄은 그저 보는 것이라고 한다. 부질없는 욕심과 근심 내려놓고 무심하게 그저 바라보는 데서 봄은 시작하는 것이라고 한다. 사실 우리는 늘 자질구레한 일들로 인한 스트레스에서 헤어나지 못하고 있다. 그 스트레스라는 것도 따지고 보면 인간사에서 오는 갈등과 욕심, 그리고 오지 않을 미래에 대한 불안 등이 자리한다. 마음의 눈으로 지혜의 창을 열고, 씨앗 속 감춰진 비밀을 들여다보는 데서 봄은 오는 것이다.

> 이제는 기다리지 않을 것이다
> 바람과 햇살 속에
> 천둥벌거숭이로 누워
> 푹 썩어 없어질 것이다
> 한 시절의 희망을
> 모두 묻어 버릴 것이다
>
> 먼 산이 다가와
> 툇마루에 함께 앉는다
>
> ―「텃밭에 씨 뿌리고」 부분

시인은 이제는 돌아앉은 세월 너머, 막연한 희망이나 부질없는 욕심을 내려놓겠다고 한다. 기다리지 않겠다고 한다. 다가오지 않을 허망한 것들 다 벗어젖히고 천둥벌거숭이로 남겠다는 선언이다. 있는 그 대로의 나를 받아들이겠다는 외침이다. 그 깨달음과 함께 먼 산이 다가와 툇마루에 앉는다. 욕심을 벗어던지면 모든 것이 자유로운 법이다.

　우리나라처럼 시인이 많은 나라도 없고 시를 많이 읽는 민족도 없다고 한다. 그만큼 우리는 감성과 자기표현이 풍부한 민족이다. 한 편의 시를 읽을 때 독자들은 그 시가 담고 있는 의미와 함의를 해석하고자 노력한다. 시인의 언어와 시인의 생각을 읽고 대화하려고 힘을 쏟는다. 그러나 현대 시의 흐름은 대부분 이와 같은 독자들의 노력을 허탈하게 한다. 시인들이 자기만의 언어로 얘기하고, 일반화되지 않은 자기의식의 과잉 상태에 빠져 있다 보니 독자들이 이해하고 싶어도 이해할 수 없는 시, 소통할 수 없는 시가 넘쳐나고 있는 것이다. 자기만족을 위한 시, 시단의 몇 사람 알량한 評者만을 위한 시가 무슨 의미가 있을 것인가.

　세상을 느리게 쳐다보고 싶을 때, 그리고 잠깐이나마 쉼표가 필요할 때 우리에게는 시가 필요하다. 우리 자신을 솔직하게 만드는 어떤 사랑이 느닷없이 다가올 때 우리에게는 또한 시가 절실해진다. 시를 통하여 세상을 새로운 눈으로 쳐다보고 나를 사랑하는 이와, 내가 사랑하는 대상들과 찬찬히 소통할 기회를 가지게 된다. 시는 이해하는 것이 아니라 가슴으로 읽고 마음으로 스며드는 것을 느끼고 만지는 것이다. 단 한 줄이라도 내 가슴에 와 닿는 문장이 있다면, 그것으로 충분하다. 이용찬 시인은 가슴으로 시를 쓰고, 독자들이 그 시를 마음으로 읽고 느낄 수 있는 소통의 광장을 꿈꾼다. 그리하여 '죽은 시인의 사회'가 아니라 '시가 살아있는 세상' '시가 있어 아름다운 세상'을 만들고자 한다. 그 길에 닿을 때까지 그의 멋진 도전은 계속될 것이라 믿는다.

꽃은 무리 지어도 소리가 없다
자연 속 사색, 시로 피어나다

발행일 2025년 6월 23일

지은이 이용찬
펴낸이 마형민
기획 페스트북 편집부
편집 곽하늘 강채영 김예은
디자인 김안석 표진아
펴낸곳 주식회사 페스트북
홈페이지 festbook.co.kr
편집부 경기도 안양시 동안구 관악대로 488
씨앗트 스튜디오 경기도 안양시 동안구 안양판교로 20

© 이용찬 2025

ISBN 979-11-6929-827-8 03810
값 16,000원

* 이 책은 저작권법에 의해 보호를 받는 저작물이므로 무단 전재와 무단 복제를 금합니다.
* 페스트북은 작가중심주의를 고수합니다. 누구나 인생의 새로운 챕터를 쓰도록 돕습니다. creative@festbook.co.kr로 자신만의 목소리를 보내주세요.